COURS
D'HISTOIRE
A L'USAGE
DE LA JEUNESSE.

TOME I.

TABLEAU
CHRONOLOGIQUE
DE
L'HISTOIRE ANCIENNE ET MODERNE,
TANT SACRÉE QUE PROFANE,

DEPUIS LE COMMENCEMENT DU MONDE JUSQU'A L'AN DE GRACE 1814, AVEC CARTES;

A L'USAGE DES MAISONS D'ÉDUCATION.

TREIZIÈME ÉDITION.

A. M. D. G.***

A LYON,
CHEZ RUSAND, LIBRAIRE, IMPRIMEUR DU ROI.
1822.

Tous les Exemplaires qui ne sont pas revêtus de ma signature, sont réputés contrefaits.

PRÉFACE.

Ce Tableau chronologique a été composé pour l'utilité particulière de quelques Maisons d'éducation, dans lesquelles on a rendu à l'étude de l'Histoire, trop généralement négligée, le rang que semble lui assigner son importance.

Aux différentes classes qui partagent, dans ces Maisons, le cours des Etudes, ont été attachés différens Abrégés historiques, où l'on a essayé de réunir la brièveté à l'abondance, et qui tous ensemble forment un corps d'histoire, aussi complet qu'il a été possible de le faire, sans nuire aux autres objets de l'enseignement (*).

Entre plusieurs manières d'enseigner l'Histoire, on a adopté de préférence (pour les classes supérieures) celle des résumés; qui consiste à rédiger par écrit et à narrer de vive voix chaque trait historique, d'après une lecture répetée deux ou trois fois de suite. Cette méthode est la plus avantageuse à tous égards. Elle donne aux jeunes gens la mémoire des choses; elle

---

(*) Voyez la Préface de l'Histoire ancienne.

les forme à mettre en ordre et à exprimer leurs idées ; elle prête à leur style de la pureté, de la facilité, de l'abondance, et leur ôte infailliblement cet embarras qu'éprouvent presque toujours les personnes qui n'ont pas pris de bonne heure l'habitude de parler et d'écrire. C'est la méthode que Rollin, Fleury, Pluche, Batteux, etc., ont proposée à leurs contemporains. Enfin, l'expérience, qui est elle-même la première des raisons et des autorités, s'est déclarée hautement en sa faveur.

Voici l'ordre que nous avons cru devoir donner aux matières :

En Sixième,	l'Histoire Sainte ;
En Cinquième,	l'Histoire de l'Eglise ;
En Quatrième,	l'Histoire Ancienne ;
En Troisième,	l'Histoire Romaine ;
En Seconde,	l'Histoire de France, 1.re p.
En Rhétorique,	l'Histoire de France, 2.e p.

Les deux premiers de ces Abrégés sont par demandes et par réponses, et doivent s'apprendre par cœur. Les enfans des classes inférieures auxquels ils sont destinés, ne se trouvent pas encore assez avancés pour faire des résumés par écrit ; mais il est utile de leur demander compte de vive voix des traits qu'ils ont récités de mémoire : cet exercice les prépare à faire quelque chose de plus les années suivantes, et à suivre en son entier la méthode qui vient d'être tracée.

Cependant les Traités historiques dont nous avons parlé, vus séparément les uns des autres, n'offrent point encore cet ensemble qui donne la vraie connoissance de l'histoire. Il falloit donc une espèce de cadre où fussent dessinés en petit, et dans leurs rapports respectifs, les faits qui figurent en grand dans chaque histoire particulière. C'est ce que nous avons essayé d'exécuter dans ce Tableau chronologique.

Il n'offre point d'autres dates (*), que celles des époques, qui, se trouvant en petit nombre, ne pourront surcharger la mémoire. L'Histoire sacrée et l'Histoire profane y marchent parallèlement sur deux pages tellement disposées, que les faits indiqués dans l'une répondent, par l'ordre chronologique de la narration, à l'espace laissé en blanc vis-à-vis dans la page correspondante. Aussi, pour trouver de la suite dans l'ouvrage, faut-il, en le

(*) Les dates répandues sur les marges, ne sont que pour l'exactitude, elles ne font point partie du corps de l'ouvrage.

lisant, passer d'une page à l'autre, à chaque lacune que l'on rencontre. Les deux corps d'histoire se trouvent, par cette disposition, tout à la fois isolés et réunis : on distingue nettement ce qui appartient à chacun d'eux, et en même temps on aperçoit leurs rapports mutuels dans l'ordre et la suite des évènemens.

Nous avons joint au Tableau chronologique une Table géographique et deux Cartes, l'une pour les temps anciens, l'autre pour les temps modernes. Elles ne contiennent que les lieux dont il est question dans l'ouvrage, et un très petit nombre d'autres des plus importans. Les enfans, pour connoître les Cartes, n'ont besoin que de leurs yeux : le maître nomme les lieux désignés dans la Table ; ses élèves lui montrent à l'instant ces mêmes lieux sur la Carte, en indiquent les distances et les situations respectives, le pays auquel ils appartiennent, ce qui s'y est passé de remarquable, relativement à l'histoire dont ils font partie, etc. Ce petit exercice, répété de temps à autre, n'a rien d'ennuyeux pour les enfans, et leur donne sans effort une connoissance qui leur sera utile quand ils feront une étude suivie de la Géographie élémentaire.

Tous les ouvrages historiques, tant latins que français de notre collection des

Classiques, ont de même leurs Cartes particulières, destinées au même usage que celles dont nous venons de parler. Les diverses notions que les enfans puisent dans ces Cartes, vont se réunir et former un seul corps dans l'ouvrage intitulé : *Sommaire de la Géographie des différens âges ;* en sorte que ce *Sommaire* présente pour les lieux un cadre assez semblable à celui que le Tableau chronologique offre pour les temps.

Pour atteindre le but que nous nous sommes proposé dans la rédaction de ce Tableau, on peut en apprendre de mémoire les notions préliminaires et la première partie, en Huitième ; repasser en Septième ce qui a été vu l'année précédente, et y ajouter la seconde partie ; enfin, le revoir au moins une fois tout entier dans chacune des classes suivantes.

C'est ici le lieu de faire une remarque qui peut avoir son utilité. Quelques personnes, sans doute, trouveront nos Abrégés bien succincts ; elles auront peine à concevoir qu'on puisse, par exemple, renfermer l'histoire d'un peuple dans un petit volume, et cependant conserver à cette histoire l'intérêt dont elle est susceptible. L'une nous demandera compte de la suppression de tel fait ; une autre se plaindra de l'omission de tels détails. A ces difficultés et à bien d'autres semblables, nous répondrons qu'il faut se résoudre à ignorer quelque chose ; que le temps des études est si court, et les objets d'enseignement si multipliés, surtout depuis que les arts les plus frivoles se sont transformés en arts de nécessité, qu'il est devenu indispensable de resserrer les matières, et de leur marquer des bornes que l'on puisse atteindre. Et que résulteroit-il de ces vastes développemens que l'on voudroit donner à chaque objet, et de ces longs détails auxquels la mémoire la mieux exercée auroit peine à suffire ? L'un ou l'autre de ces inconvéniens : ou de trouver la fin de l'année, avant la fin du Traité qu'on auroit entrepris ; ou de ne le voir tout entier qu'en négligeant d'autres études également importantes ; ou enfin, ce qui est pis encore, de parcourir les matières si rapidement, si superficiellement, qu'il n'en restât bientôt aucune trace distincte dans l'esprit. Trop d'Instituteurs ont suivi cette marche, vraiment meurtrière pour le succès des études. Sachons - en moins, mais tâchons de savoir solidement : ne nous piquons pas de tout apprendre, mais de retenir ce que nous avons appris : ne perdons pas de vue que, dans l'éducation des enfans, il s'agit bien moins de former des savans, et surtout des savans universels, que de les mettre sur la voie des Sciences et des Arts. Vous vous récriez sur la brièveté des Abrégés : vous demandez des Grammaires plus complètes, des Géographies plus volumineuses, des Mythologies plus étendues, des Histoires plus riches en faits et en détails. A la bonne heure; mais tenez-vous-en donc à une seule de ces Sciences, et approfondissez-la : ou bien, si vous prétendez qu'on les possède toutes à fond et dans leurs détails, trouvez-nous donc des talens proportionnés à la grandeur de vos vues; doublez donc et triplez le temps destiné aux études; ne permettez plus que des parens, ou peu fortunés, ou trop avides de jouir, en fixent le terme à l'âge de quinze ou seize ans, c'est-à-dire à l'époque où leurs enfans eussent pu commencer à faire des progrès solides; persuadez-leur de ne pas exiger que tout s'apprenne à la fois; surtout obtenez d'eux qu'ils veuillent bien ne pas mettre au premier rang, pour l'importance, ces arts futiles nommés arts d'agrémens, que nos bons aïeux avoient la simplicité de compter pour peu de chose. Mais en attendant que cette grande réforme s'opère parmi nous, tenons-nous-en aux leçons, toujours sûres, de l'expérience; croyons, d'après elle, que c'est en sachant se borner, qu'on peut espérer d'étudier avec fruit; et ne perdons pas de vue que c'est ici surtout que se vérifie la maxime du naïf et judicieux La Fontaine :

Qui trop embrasse mal étreint.

NOTIONS
PRÉLIMINAIRES.

L'HISTOIRE donne la connoissance des évènemens passés.

L'histoire, pour éviter la confusion, et pour se guider dans sa marche, a besoin de la chronologie.

La chronologie apprend à classer, selon l'ordre des temps, les divers évènemens que présente l'histoire. C'est pourquoi la chronologie partage l'histoire, à raison du temps, en plusieurs parties, marquées chacune par quelque fait considérable auquel on rapporte tous les autres. C'est ce qu'on appelle Epoques.

L'histoire ancienne peut se diviser en six époques.

La première époque s'étend depuis la création du monde, l'an 4004 avant J. C., jusqu'au déluge, l'an 2348 avant J. C. Elle renferme 1656 ans.

La seconde époque s'étend depuis le déluge, l'an 2348 avant J. C., jusqu'à la vocation d'Abraham, l'an 1921 avant J. C. Elle renferme 427 ans.

La troisième époque s'étend depuis la vocation d'Abraham, l'an 1921 avant J. C., jusqu'à la loi de Moïse, l'an 1491 avant J. C. Elle renferme 430 ans.

La quatrième époque s'étend depuis la loi de Moïse, l'an 1491 avant J. C., jusqu'à la dédicace du temple de Salomon, l'an 1005 avant J. C. Elle renferme 486 ans.

La première partie de la cinquième époque s'étend depuis la dédicace du temple de Salomon, l'an 1005 avant J. C., jusqu'à la ruine du royaume d'Israël, l'an 718 avant J. C. Elle renferme 287 ans.

La seconde partie de la cinquième époque s'étend depuis la ruine du royaume d'Israël, l'an 718 avant J. C., jusqu'à la fin de la captivité de Babylone, l'an 536 avant J. C. Elle renferme 182 ans.

La première partie de la sixième époque

s'étend depuis la fin de la captivité de Babylone, l'an 536 avant J. C., jusqu'à l'arrivée d'Alexandre-le-Grand à Jérusalem, l'an 332 avant J. C. Elle renferme 204 ans.

La seconde partie de la sixième époque s'étend depuis l'arrivée d'Alexandre-le-Grand à Jérusalem, l'an 332 avant J. C. jusqu'à la persécution d'Antiochus, l'an 170 avant J. C. Elle renferme 162 ans.

Enfin, la troisième partie de la sixième époque s'étend depuis la persécution d'Antiochus, l'an 170 avant J. C., jusqu'à la naissance de J. C., l'an 4004 depuis la création du monde. Elle renferme 170 ans.

L'histoire moderne peut se diviser en dix époques.

La première époque s'étend depuis la naissance de J. C., l'an du monde 4004, jusqu'à la conversion de Constantin, l'an de J. C. 312. Elle renferme 312 ans.

La seconde époque s'étend depuis la conversion de Constantin, l'an de J. C.

312, jusqu'au baptême de Clovis, l'an de J. C. 496. Elle renferme 184 ans.

La troisième époque s'étend depuis le baptême de Clovis, l'an de J. C. 496, jusqu'à la fuite de Mahomet, l'an de J. C. 622. Elle renferme 126 ans.

La quatrième époque s'étend depuis la fuite de Mahomet, l'an de J. C. 622., jusqu'au couronnement de Charlemagne, l'an de J. C. 800. Elle renferme 178 ans.

La cinquième époque s'étend depuis le couronnement de Charlemagne, l'an de J. C. 800, jusqu'à la première Croisade, l'an de J. C. 1099. Elle renferme 299 ans.

La sixième époque s'étend depuis la première Croisade, l'an de J. C. 1099, jusqu'à la mort de S. Louis, l'an de J. C. 1270. Elle renferme 171 ans.

La septième époque s'étend depuis la mort de S. Louis, l'an de J. C. 1270, jusqu'à la fin du grand schisme d'Occident, lan de J. C. 1417. Elle renferme 147 ans.

La huitième époque s'étend depuis la fin du grand schisme d'Occident, l'an de

J. C. 1417, jusqu'à l'abjuration de Henri IV, l'an de J. C. 1593. Elle renferme 176 ans.

La neuvième époque s'étend depuis l'abjuration de Henri IV, l'an de J. C. 1593, jusqu'à la Révolution française, l'an de J. C. 1789. Elle renferme 196 ans.

Enfin, la dixième époque a commencé avec la Révolution française, l'an de J. C. 1789.

La connoissance des époques sert à éviter les anachronismes.

Un anachronisme est cette erreur qui fait confondre les temps, et attribuer à une année ou à un siècle ce qui s'est passé dans un autre : comme si l'on supposoit, par exemple, qu'Alexandre a vécu après César, ou que Mahomet et Charlemagne étoient contemporains.

Un siècle est formé de cent années révolues. Ce terme de siècle s'emploie surtout pour les temps postérieurs à la naissance de J. C. Ainsi, par exemple, le quinzième siècle est l'espace de temps compris entre la fin de l'année 1400 et la fin de l'année 1500 : ainsi le dix-neuvième siècle a commencé avec l'année 1801, etc.

Une ère est une époque plus remarquable que les autres, de laquelle on part pour compter les années. Chaque peuple est naturellement le maître de compter ses années comme il le juge à propos ; de là vient qu'il se trouve presque autant d'ères différentes qu'il y a eu de peuples dans l'antiquité. Nous ne parlerons ici que de quelques-unes des plus dignes d'être connues.

1.° L'ère des Olympiades en usage chez les Grecs. Elle tire son nom des jeux Olympiques qui se célébroient tous les quatre ans dans le Péloponnèse. Quatre années complètes forment donc ce qu'on appelle une Olympiade. La première commence l'an 776 avant J. C.

2.° L'ère de la fondation de Rome, l'an 753 avant J. C., d'où les Romains comptoient leurs années.

La connoissance de ces deux ères est utile pour l'intelligence des auteurs grecs et latins.

3.° L'ère des Mahométans ou Hégire, ainsi nommée de la fuite du fameux imposteur Mahomet, l'an 622 de J. C.

4.° L'ère de la création du monde, adoptée par les chronologistes modernes, conjointement avec la suivante.

5.° L'ère de la naissance de J. C. Cette ère date du plus grand des évènemens : aussi est-elle la plus célèbre et la plus universellement reçue. C'est l'ère de toutes les nations qui font profession du Christianisme. C'est aussi la seule dont on ait fait usage dans ce Tableau chronologique, dont toutes les dates se rapportent aux années avant ou après J. C.

Le fruit de cet Ouvrage ne doit pas se borner à une stérile connoissance de faits, propres tout au plus à satisfaire une vaine curiosité. Le lecteur attentif et intelligent saura s'élever plus haut, et en tirer des conséquences utiles. A la vue des années et des siècles qui s'écoulent comme l'eau ; à la vue des grands et des puissans de la terre, qui brillent un instant, pour disparoître ensuite à jamais; à la vue des générations, des peuples, des royaumes, des empires qui s'élèvent tour-à-tour et retombent dans leur néant avec tant de rapidité, tandis que la Religion seule reste inébranlable au milieu des ruines qui l'environnent, et survit à toutes les révolutions humaines, il aime à reconnoître, avec Bossuet, la vérité de ce que dit l'Apôtre S. Paul : « Que *Dieu est le seul puissant*, » *Roi des rois et Seigneur des seigneurs*, » qui voit tout changer, sans changer » lui-même, et qui fait tous les change- » mens par son conseil immuable; qui » donne et qui ôte la puissance, qui la » transporte d'un homme à un autre, d'un » peuple à un autre, d'une maison à une » autre, pour montrer qu'ils ne l'ont » tous que par emprunt, et qu'il est le » seul en qui elle réside naturellement. » BOSSUET, *Discours sur l'Histoire universelle*, 3.e *partie*.

TABLEAU

TABLEAU

CHRONOLOGIQUE

DE

L'HISTOIRE ANCIENNE.

Première époque, depuis la Création du monde, l'an 4004 avant Jésus-Christ, jusqu'au Déluge, l'an 2348 avant Jésus-Christ. Elle renferme 1636 *ans.*

DIEU tire du néant le ciel et la terre; il crée Adam et Eve; il les crée justes et immortels, et les place dans un jardin délicieux. Adam devient prévaricateur; il est chassé du paradis terrestre, et condamné à la mort avec toute sa postérité: mais dès lors un libérateur lui est promis. Caïn, premier-né d'Adam, trempe ses mains dans le sang de son frère Abel, et commence cette longue persécution que les méchans feront aux justes jusqu'à la fin des siècles. Il bâtit Hénochia, la première de toutes les villes. Les hommes, en se multipliant, se corrompent peu à peu; et la terre, après quelques siècles, se trouve

Av. J. C. couverte de crimes. Pour la châtier, Dieu l'inonde, et ensevelit tous les coupables sous les eaux d'un déluge universel.

Seconde époque, depuis le Déluge, l'an 2348 avant J. C. jusqu'à la vocation d'Abraham, l'an 1921 avant J. C. Elle renferme 427 ans.

Le juste Noé avoit trouvé grâce aux yeux du Seigneur : il est sauvé du déluge, et sa famille rend bientôt à la terre des habitans.
2247. Les hommes essayent d'élever la tour de Babel ; mais Dieu confond leur langage, arrête ainsi leur folle entreprise, et les oblige de se disperser dans les différentes parties du monde, pour y former autant de peuples séparés.

Bientôt l'idolâtrie se répand sur la terre, et les hommes oublient insensiblement le vrai Dieu.

Av. J. C.

Presque aussitôt après la dispersion des hommes, on voit naître les plus anciens
empires, l'Egypte et la Chine, dont la chro- 2245.
nologie fabuleuse ne présente qu'obscurités et incertitudes. On voit s'élever les villes les plus célèbres, Jérusalem, Ninive, et surtout Babylone, bâtie sur l'Euphrate, à
l'endroit même de la tour de Babel. Cette 2122.
dernière ville, selon l'histoire, ou plutôt selon la fable, est agrandie et embellie par la fameuse Sémiramis.

Av. J. C. *Troisième époque, depuis la vocation d'Abraham, l'an 1921 avant J. C. jusqu'à la loi de Moïse, l'an 1491 avant J. C. Elle renferme 430 ans.*

Le Seigneur choisit Abraham pour être
le père d'un peuple plus fidèle que les autres peuples. Ce saint patriarche, sorti des
environs de l'Euphrate, habite comme étranger dans le pays de Chanaan, que ses descendans doivent occuper un jour : il voit
1897. Sodome consumée par le feu du ciel, pour
1871. les crimes de ses infâmes habitans. Il se
montre prêt à immoler son fils unique Isaac,
et mérite par son obéissance de compter au
nombre de ses enfans celui en qui doivent
être bénies toutes les nations. Isaac et Jacob son fils, imitateurs de la foi d'Abraham, ont part aux mêmes bénédictions.
Jacob a douze enfans, qui deviennent les
1729. pères des douze tribus d'Israël. Joseph, l'un
des enfans de Jacob, est vendu par ses
frères. Devenu le premier ministre du roi
d'Egypte, il épargne à ce royaume les hor-
1706. reurs de la famine ; il y fait venir son
père et ses frères, et, figure vivante du
Messie, il est le sauveur de ceux qui l'ont
persécuté.

Av.
J. C.

Du temps de Joseph, ou peu après sa mort, la Grèce se police; et cette contrée

Av.
J. C.

Tandis que, dans l'Arabie, le saint homme Job, persécuté par le démon, offre un prodige de patience, les Israélites sont opprimés par les Egyptiens, qui les emploient
1571. à bâtir leurs pyramides. Moïse est exposé sur le Nil : élevé par la fille du roi Pharaon, il méprise les délices de la cour; et touché du malheur de ses frères, il entreprend de les délivrer. Sous sa conduite, le peuple de Dieu sort de l'Egypte, et passe à pied sec la mer Rouge, dans laquelle sont engloutis les Egyptiens qui les poursuivoient.

destinée à être dans la suite le centre des Av.
sciences et des arts, voit bâtir ses premières J. C.
villes, Argos, Thèbes, Corinthe, mais sur- De
tout Sparte et Athènes, deux des plus célè- 1700
bres de l'antiquité. Bientôt s'élèvent dans à
l'Asie Rhodes, connue par son colosse; 1400.
Troie, fameuse par ses malheurs; et, dans le pays de Chanaan, Tyr, depuis si florissante par son commerce.

Deucalion règne, dit-on, sur une partie
de la Grèce. De son temps arrive une inon- 1528.
dation, que les anciens poëtes confondent avec le déluge universel.

Av. J. C. *Quatrième époque, depuis la loi de Moïse, l'an 1491 avant J. C., jusqu'à la dédicace du temple de Salomon, l'an 1005 avant J. C. Elle renferme 486 ans.*

Cinquante jours après la sortie d'Égypte, Dieu donne sa loi du haut de la montagne de Sinaï, au milieu des éclairs et des tonnerres. Les Israélites, rebelles et ingrats, sont condamnés à errer quarante ans dans les déserts de l'Arabie. Josué introduit et établit leurs enfans
1461. dans la terre de Chanaan, laquelle prend le nom de terre d'Israël. Après la mort de Josué,
De 1245 à 1100. les Israélites, souvent infidèles et souvent punis, sont autant de fois délivrés par des Juges suscités de Dieu. Les plus célèbres sont Gédéon, Jephté, Samson, Samuel.

C'est du temps des Juges d'Israël que paroissent en Grèce (si jamais ils ont paru) ces héros dont les anciens païens ont fait autant de dieux et de demi-dieux : Minos, De
qui établit de justes lois dans l'île de Crète; 1400
Bacchus, qui s'illustre par la conquête des à
Indes; Saturne, chassé par son fils Jupiter 1250.
qui devient aux yeux du paganisme le plus grand des dieux; Hercule, qui se signale

Av.
J. C.

Les Israélites, au contraire, se lassant
1095. du gouvernement des Juges, veulent avoir un Roi. Dieu leur donne Saül; il le rejette ensuite à cause de sa désobéissance, et fait passer sa couronne à David, grand roi, grand conquérant, grand prophète, digne de figurer dans sa personne, et de célébrer dans ses cantiques les combats et les conquêtes du Messie.

par d'incroyables travaux ; Orphée, qui réunit par la douceur de ses chants, des peu- Av. J. C.
plades encore à demi-sauvages. On place
communément à la même époque le fameux
Sésostris, roi d'Egypte, qui subjugue l'Asie
et l'Afrique.

Cependant tous les peuples de la Grèce,
ligués sous les ordres d'Agamemnon, d'A-
chille, d'Ulysse, et d'autres grands capitaines, assiégent la ville de Troie, la prennent et la détruisent, malgré la résistance
d'Hector et d'Enée. Ce dernier se retire 1209.
en Italie, et sa postérité règne dans le La-
tium. Bientôt après, Athènes et Thèbes, de
monarchies qu'elles étoient, deviennent ré- 1095.
publiques.

Av. J. C. *Première partie de la cinquième époque, depuis la dédicace du temple de Salomon, l'an 1005 avant J. C., jusqu'à la ruine du royaume d'Israël, l'an 712 avant J. C. Elle renferme 287 ans.*

Salomon, fils de David, consacre en l'honneur du vrai Dieu un temple magnifique. Sa sagesse et son opulence le rendent célèbre chez tous les peuples de la terre; mais corrompu, sur la fin de sa vie, par des femmes étrangères et idolâtres, qu'il avoit épousées contre la défense de la loi, ce roi, jusqu'alors si sage, oublie le Dieu de ses pères, et brûle de l'encens devant les idoles. Après la mort de Salomon, et en punition des désordres de ce prince, sa famille est en partie dépouillée : le peuple de Dieu se divise, et forme deux royaumes, l'un de Juda, qui demeure à la maison de David, l'autre d'Israël, qui tombe dans l'idolâtrie et dans tous les dérèglemens qui en
980. sont la suite. Les rois d'Israël fondent Samarie, ville rivale et ennemie de Jérusalem.

Av.
J. C.

C'est alors que dans les provinces de l'Asie mineure, peuplées par des colonies

Av.
J. C.

900. Plusieurs rois de Juda, entre autres Josaphat, se distinguent par leur valeur et leur zèle pour la religion; mais la plupart des rois d'Israël ajoutent à l'idolâtrie les crimes les plus énormes. En vain Elie et Elisée cherchent-ils à éclairer Israël par leurs miracles, les rois et les peuples persévèrent dans l'endurcissement.

889. Athalie, digne fille de l'impie Achab, roi d'Israël, massacre à Jérusalem tous les princes de la famille royale de David; mais sept ans après, Joas, seul échappé du carnage, est replacé sur le trône de Juda par la main des prêtres du Seigneur. Heureux s'il eût conservé jusqu'à la fin les vertus qui avoient fait le bonheur et la gloire de ses premières années!

825. La grande ville de Ninive se convertit et embrasse la pénitence, à la voix du prophète Jonas.

grecques, on voit paroître Homère, père
de la poésie profane. Av. J. C. 920.

Didon, persécutée à Tyr, s'enfuit en Afri-
que, où elle bâtit la fameuse Carthage. 888.
Dans le même temps, Lycurgue donne à 885.
Sparte des lois sévères, mais utiles.

Av.
J. C.

Dans le même temps, il paroît plusieurs prophètes au milieu du peuple de Dieu mais presque tout Israël ferme l'oreille à leurs avis, et persiste dans l'idolâtrie.

Av. J. C.

Une colonie de Corinthiens fonde le royaume de Macédoine, qui ne s'illustre qu'après plusieurs siècles d'obscurité. 807.

Alors les Assyriens étendoient leur domination sur presque toute l'Asie; mais Sardanapale, leur dernier roi, menoit une vie indigne d'un prince. Assiégé dans Ninive par ses sujets révoltés, il se précipite dans les flammes. Après sa mort, son empire 770. est divisé entre les Assyriens, les Babyloniens et les Mèdes.

Dès l'an 1776 avant J. C., les jeux Olympiques avoient commencé à se célébrer régulièrement dans la Grèce : ils donnent naissance à l'ère des Olympiades.

Les Corinthiens fondent Syracuse en Sicile. Cinq ans après, 753 ans avant J. C., Romulus, un des descendans d'Enée, bâtit en Italie, sur les bords du Tibre, Rome, destinée à devenir la reine du monde.

Av. J. C. *Seconde partie de la cinquième époque, depuis la ruine du royaume d'Israël, l'an 718 avant J. C., jusqu'à la fin de la captivité de Babylone, l'an 536 avant J. C. Elle renferme 182 ans.*

Dieu, ayant résolu de punir l'infidélité des Israélites, appelle Salmanasar, roi d'Assyrie, qui prend Samarie, et emmène captives à Ninive les dix tribus dont le royaume d'Israël étoit composé. Tobie, l'un des captifs, édifie ses frères par sa patience et sa charité.

Sennachérib, fils de Salmanasar, vient assiéger Jérusalem, pour la traiter comme son père avoit traité Samarie; mais Ezéchias, roi de Juda, et le prophète Isaïe opposent leurs prières à ses blasphèmes,
710. et l'armée assyrienne est exterminée par
l'Ange du Seigneur. Les Assyriens revien-
655. nent quelques années après : la vertueuse
et courageuse Judith les repousse, et tue Holopherne, leur général.

Av. J. C.

Les rois, successeurs de Romulus, presque tous guerriers, commencent à asservir les petits peuples du voisinage de Rome.

Ninive est détruite ; le siége de l'empire des Assyriens passe à la superbe Babylone; 460.

Av.
J. C.

Cependant le prophète Jérémie exhorte en vain le peuple juif à la pénitence ; il le menace d'une ruine prochaine. Ministre des vengeances de Dieu, Nabuchodonosor-
688. le-Grand assiége et prend l'infidèle Jérusalem, réduit le temple en cendres, et emmène les habitans captifs à Babylone. La chaste Susanne est miraculeusement justifiée par le jeune prophète Daniel.

Nabuchodonosor, leur roi, soumet une grande partie de l'Asie et de l'Afrique. Av. J. C.

En même temps que les Scythes, chassés de l'Asie par les Mèdes, se répandent dans le nord de l'Europe, Marseille est bâ- 600.
tie par les Phocéens; une colonie de Gaulois s'établit sur les bords du Pô, et fonde la ville de Milan.

Solon donne aux Athéniens des lois pleines 594.
de douceur et de sagesse. On admire alors la force de Milon, l'ingénieuse simplicité d'Esope, la science de Pythagore, et surtout la doctrine des sept Sages de la Grèce.

Le royaume de Perse, fondé dès le temps d'Abraham, mais peu connu jusqu'alors, sort tout-à-coup de son obscurité. Cyrus, roi de Perse, réunit la Médie à ses états,

Av.
J. C.

Première partie de la sixième époque, depuis la fin de la captivité de Babylone, l'an 536 avant J. C., jusqu'à l'entrée d'Alexandre-le-Grand à Jérusalem, l'an 332 avant J. C. Elle renferme 204 ans.

Après une captivité de 70 ans, Cyrus, au moment de la prise de Babylone, rend, suivant les prédictions d'Isaïe, la liberté au peuple de Dieu, et lui permet de rebâtir le temple de Jérusalem.

prend dans Sardes le riche Crésus, roi de Lydie, après la célèbre bataille de Tymbrée; subjugue l'Asie mineure, et met fin à l'empire d'Assyrie par la prise de Babylone sur l'impie Balthazar, qui en est le dernier roi. Av. J. C.

Cependant une colonie de Chinois va peupler les îles du Japon. Les peuples de ce vaste empire reçoivent avec respect les lois de Confucius. 530.

Cambyse, fils de Cyrus, prince aussi brutal que son père étoit magnanime, fait la conquête de l'Egypte. Darius, fils d'Hystaspe, successeur de Cambyse, malheureux contre les Scythes, soumet une partie des Indes. 515.

Tandis que les Carthaginois s'étendent en Espagne, Rome, opprimée par Tarquin- 500.

Av.
J. C,

Vers le même temps, la pieuse Esther
monte sur le trône de Perse. Artaxerxès-
494. Longue-Main, son époux, nommé dans
l'Ecriture Assuérus, permet aux Juifs, par
un édit, de relever les murs de Jérusalem.
C'est de cet édit, si remarquable dans l'histoire de la Religion, que datent les 70
le-Superbe

Av. J. C.

le-Superbe, secoue le joug, devient république, et se donne des Consuls annuels. Bientôt après, on crée les Tribuns pour protéger le peuple contre les violences de la noblesse, puis des Dictateurs, qui remportent de grandes victoires sur les ennemis de l'état.

Les enfans du tyran Pisistrate, chassés d'Athènes en même temps que les Tarquins l'étoient de Rome, arment contre leur patrie les rois de Perse. Ceux-ci, sous prétexte de les rétablir, tentent d'opprimer
la Grèce; mais dix mille Athéniens, com- 490.
mandés par Miltiade, battent cent mille Perses à Marathon.

Dix ans après, Léonidas et trois cents
Spartiates en tuent plus de vingt mille 480.
aux défilés des Thermopyles. La même année, les Grecs, réunis sous Thémistocle et Aristide, détruisent la flotte des Perses à la journée de Salamine.

Av. J. C. semaines d'années, ou les 490 ans qui, selon la prophétie de Daniel, doivent encore s'écouler jusqu'à la mort du Messie. Esdras et Néhémie président à la reconstruction de la ville sainte, et l'achèvent, malgré la jalousie des Samaritains, peuple moitié Juif, moitié idolâtre. Ces deux saints hommes rendent à la loi de Moïse son ancien éclat, et la font respecter des peuples voisins. Les Juifs, corrigés par les châtimens qu'ils venoient d'essuyer, montrent désormais autant de zèle pour la religion de leurs pères, qu'ils avoient eu, avant la captivité, de pente à l'idolâtrie.

V.
J. C.

Dans ce temps-là, on voit la Cappadoce, le Pont, la Bithynie, former autant de royaumes séparés.

Cimon, fils de Miltiade, devient la terreur des Perses, et les oblige à une paix honteuse. La Grèce victorieuse tourne ses armes contre elle-même. Les Athéniens et les Lacédémoniens se livrent plusieurs combats, où se distinguent, d'un côté, Périclès et Alcibiade; de l'autre, Callicratidas et Lysandre. Enfin, après vingt-sept ans d'une lutte sanglante, la guerre, dite du Pélo- 450.

Av.
J. C.

ponnèse, est terminée par la victoire de
Sparte sur Athènes.

Dix mille Grecs, sous la conduite de Av. J.C. 401.
Xénophon, traversent une grande partie de
l'Asie, malgré une armée innombrable de
Perses qui ne peut les arrêter.

Ce siècle, fertile en guerriers, ne l'est pas moins en savans. Les tragédies de Sophocle et d'Euripide font l'admiration des Athéniens; Pindare célèbre dans ses odes ceux qui remportent le prix des jeux olympiques; la philosophie est illustrée par Socrate et par Platon; la médecine est créée par Hippocrate : enfin, l'on voit paroître les pères de l'histoire profane, Hérodote, Thucydide et Xénophon.

Rome adopte les lois de la Grèce; elle
étend sa domination dans l'Italie : au mi- 387.
lieu de ses progrès, vaincue et prise par
les Gaulois, elle est délivrée par son dictateur Camille.

Syracuse gémit sous la tyrannie des deux
Denys : elle soutient de grandes guerres 380.
contre Carthage, et lui dispute l'empire de
la Sicile.

Agésilas, roi de Sparte, fait trembler
jusque sur son trône le roi de Perse. Epa-
minondas, simple citoyen de Thèbes, fait
trembler Sparte à son tour, et élève sa pa- 371.
trie au-dessus de toutes les villes de la

Av.
J. C.

Seconde partie de la sixième époque, depuis l'entrée d'Alexandre-le-Grand à Jérusalem, l'an 332 avant J. C., jusqu'à la persécution d'Antiochus, l'an 170 avant J. C. Elle renferme 162 ans.

Alexandre, piqué de la fidélité des Juifs pour les rois de Perse, vient, plein de colère, à Jérusalem, dans le dessein de la ruiner : changé tout-à-coup par une vision miraculeuse, il rend hommage au vrai Dieu dans la personne du grand-prêtre Jaddus.

Grèce. Après sa mort, les Grecs, divisés et affoiblis, reçoivent la loi de Philippe, roi de Macédoine. Av. J. C. 388.

On voit fleurir alors Démosthènes, prince des orateurs, et Aristote, prince des philosophes.

Alexandre-le-Grand, aussi ambitieux, mais plus franc que Philippe, passe en Asie pour attaquer les Perses et venger les injures que la Grèce en avoit reçues. 384.

Ce Prince bat les Perses, détruit leur empire, parcourt en vainqueur toute l'Asie, jusqu'aux Indes; et, maître de l'univers, il revient mourir à Babylone. Le vaste em- 324.

Av.
J. C.

Les Juifs, qui avoient vécu tranquilles et heureux sous la protection des rois de Perse, et qu'Alexandre lui-même avoit respectés, sont attaqués par Ptolémée-Soter, qui en transporte cent mille captifs à Alexandrie; mais ce prince, reconnoissant ensuite leur fidélité, les traite avec douceur, et en attire un grand nombre en Egypte par ses bienfaits.

pire fondé par Alexandre devient la proie de ses capitaines. L'Egypte est occupée par Ptolémée-Soter; la Syrie et toutes les contrées voisines, par Séleucus; la Macédoine, par différens rois qui se dépouillent les uns les autres. Av. J. C.

Une muraille d'un travail prodigieux met les Chinois à l'abri des incursions des Tartares.

Syracuse, après quelques années d'une 317.
liberté orageuse, se laisse asservir par Agathocle. Rome, au contraire, sacrifie tout à la soif qu'elle a de s'agrandir. Après cinquante années d'une guerre sanglante, elle
détruit enfin, plutôt qu'elle ne dompte, la 290.
belliqueuse nation des Samnites : et dès-lors elle ne trouve plus rien qui lui résiste en Italie.

Pyrrhus, roi d'Epire, prince vaillant, 280.

Av. J. C.

152. Ptolémée-Philadelphe, roi d'Egypte, fait traduire en grec les saintes Ecritures : c'est cette traduction qu'on appelle la *version des Septante*. Il protége les Juifs, et envoie de

mais inquiet, ose attaquer cette fière répu- Av.
blique. Vaincu par les Curtius et les Fa- J. C.
bricius, il retourne en Grèce, et va périr
dans Argos de la main d'une femme.

La ligue des Achéens commence dès lors
à se former. Aratus, puis Philopémen lui 284
donnent de l'éclat, et en font le dernier et
rempart de la liberté prête à expirer dans suiv.
la Grèce. Des colonies gauloises ravagent
cette contrée autrefois si florissante, puis
elles vont s'établir en Galatie. Dans le voisinage, et à la même époque, on voit sortir des débris de l'empire d'Alexandre les 282.
royaumes de Pergame et d'Arménie, puis 266.
celui des Parthes, qui devient dans la suite
si redoutable aux Romains. Ceux-ci avoient
alors des ennemis plus voisins, je veux
dire les Carthaginois. La jalousie arme les 264.
deux peuples l'un contre l'autre, et allume
la première guerre punique. Le consul Ré-
gulus, après avoir fait trembler Carthage,
tombe dans ses fers : Rome venge la mort
de ce grand homme, et dicte des lois à
sa rivale.

Av. J. C. 200.

grands présens au temple de Jérusalem. Son fils, moins sage que lui, les persécute, et condamne aux bêtes ceux d'entre eux qui habitoient Alexandrie : mais ils sont miraculeusement délivrés.

Les Juifs avoient passé sous la domina-

Annibal,

Av. J. C.

Annibal, à la tête des Carthaginois, moins affoiblis qu'irrités de leurs pertes, passe les Pyrénées et les Alpes, et vient fondre sur l'Italie, gagne quatre grandes batailles, et 218.
ébranle la puissance romaine. Enfin, il est arrêté par la sage lenteur de Fabius. Marcellus lui enlève la Sicile, et Syracuse même, 210.
quoique défendue par Archimède. Scipion subjugue l'Espagne, et porte ses armes en Afrique. Annibal vient au secours de sa patrie : il est vaincu, et la seconde guerre punique se termine par 201.
l'abaissement de Carthage. Désormais invincible, Rome s'étend de toutes parts; et elle humilie Philippe, roi de Macédoine, et 200.
Antiochus-le-Grand, roi de Syrie. 192.

Vers le même temps, florissent Polybe et Térence. Rome, jusqu'alors uniquement guerrière, commence à se polir; et, par son commerce avec la Grèce, elle se prépare à lui disputer bientôt la palme de l'éloquence et de la poésie.

Av. J. C. tion des rois de Syrie, qui les protégent long-temps. L'avarice d'un de ces rois lui inspire de dépouiller le temple de Jérusa-
176. lem : Héliodore y est envoyé ; il est châtié par deux Anges, et n'échappe à la mort que par les prières du grand-prêtre Onias.

Troisième partie de la sixième époque, depuis la persécution d'Antiochus, l'an 170 avant J. C., jusqu'à la naissance de J. C., l'an 4004 depuis la création du monde. Elle renferme 170 ans.

L'impie Antiochus-Epiphane, roi de Syrie, entreprend d'abolir la loi de Moïse : les livres saints sont brûlés ; le temple est profané ; les Israélites fidèles sont persécutés et mis à mort, ou forcés de se réfugier dans des solitudes. Judas Machabée et ses frères, enfans du saint prêtre Matathias, saisis de douleur et d'indignation, à la vue des maux de l'Etat et de la Religion, prennent les armes, chassent de la Judée les rois de Syrie, et mettent un frein à leur impiété. Les grands-prêtres, libérateurs de leur peu-

Av.
J. C.

Av. J. C. 185. ple, sont revêtus de l'autorité souveraine, et reçoivent le titre de Rois. Mais des dissensions religieuses viennent troubler le repos des Juifs, qui se divisent en deux sections principales, l'une des Pharisiens, l'autre des Sadducéens.

Cependant Rome avoit subjugué l'Epire, 167.
l'Illyrie et la Macédoine ; elle soumet la
Grèce, et détruit, par les mains du second Scipion-l'Africain, Carthage et Nu- 146.
mance. Quoique troublée par les entreprises 133.
séditieuses des Gracques, et déjà livrée au
luxe et à la corruption, elle continue de
s'agrandir. Marius, vainqueur de Jugurtha, 106.
taille en pièces des armées innombrables de 102.
Barbares qui menaçoient l'Italie. Sylla, autre général romain, triomphe des Italiens 82.
révoltés, triomphe de Marius lui-même,
et reste, sous le titre de Dictateur, souve-
rain maître de la République. Les deux rois
de Pergame et de Bithynie laissent en mou-
rant leurs états aux Romains. Au-dedans,
la vigilance de Cicéron arrête les funestes 63.
complots de Catilina contre sa patrie ; au-
dehors, Mithridate, roi de Pont, après
avoir plus d'une fois alarmé Rome, est

Av.
J. C.

Aux troubles religieux avoient succédé en Judée les troubles politiques, occasionés par l'ambition de plusieurs prétendans au trône. Les Romains s'en prévalent pour y faire asseoir Hérode, prince étranger. Cet

enfin vaincu par Lucullus, et dépouillé par Av.
Pompée, qui soumet presque toute l'Asie en-J. C.
deçà de l'Euphrate. 63.

Fier de la conquête des Gaules, et trop bien instruit par l'exemple de Sylla, l'ambitieux César ne veut plus avoir d'égal dans Rome; il chasse Pompée de l'Italie, le bat
à Pharsale, et se fait nommer dictateur 48.
perpétuel. Bientôt après il est massacré en 44.
plein sénat. Moins guerrier, mais plus politique que César, Octave-Auguste, son fils adoptif, venge sa mort; il réduit l'Egypte en province romaine, et devient, par la bataille d'Actium, maître de Rome et de
l'univers. Son autorité est reconnue; toutes 31.
les nations sont pacifiées.

Les lettres latines avoient trouvé dans Cicéron, et elles trouvent encore dans Salluste, Tite-Live, Cornélius-Népos, Virgile, Horace, Ovide, Phèdre, des génies qui les portent au comble de la perfection.

Av. J. C. évènement annonce, selon la prophétie de Jacob, l'arrivée prochaine du Messie. En effet, vers la fin du règne d'Hérode, Auguste ordonne un dénombrement général dans tout l'empire. Marie et Joseph, de la famille royale de David, se rendent à Bethléem, pour se faire inscrire : c'est là que J. C. vient au monde, six mois après Jean-Baptiste, son précurseur, la nuit du 25 décembre, l'an 4004 de la création de l'univers, 753 de Rome, et le quatrième de la 194.e Olympiade.

Av.
J. C.

Après
J. C.

TABLEAU
CHRONOLOGIQUE
DE
L'HISTOIRE MODERNE.

Première époque, depuis la naissance de J. C., l'an du monde 4004, jusqu'à la conversion de Constantin, l'an 312 après J. C. Elle renferme 312 ans.

Le Fils de Dieu fait homme, après trente années passées dans l'obscurité, parcourt, durant trois ans, la Judée, qu'il instruit par ses paroles, ses exemples, ses miracles. La mort volontaire qu'il souffre est suivie
33. d'une résurrection glorieuse. Il monte au ciel, et répand l'Esprit-Saint sur les Apôtres, qui commencent à prêcher l'Evangile et à le porter dans les contrées les plus éloignées.

De J. C.

Tibère, successeur d'Auguste, réunit la Cappadoce à l'Empire, et soumet, par ses généraux, une partie de la Germanie et 48.
de la Grande-Bretagne. Il immole à sa cruelle jalousie le généreux et vaillant Ger-

De
J. C.

Ce monstre, assassin de sa propre mère, étoit bien digne de faire éprouver à la Religion la première persécution générale. S. Pierre et S. Paul donnent à Rome leur sang pour la foi qu'ils y avoient fondée :
66. leur constance est imitée par une foule de Chrétiens.

Cependant, les Juifs déicides courent à leur ruine ; ils se déchirent les uns les autres, et se révoltent contre les Romains.
70. L'empereur Vespasien envoie contre les rebelles Titus, son fils, qui réduit en cendres Jérusalem avec son temple, et disperse dans tout l'empire les restes de cette mal-
93. heureuse nation. L'Eglise s'élève sur les ruines de la Synagogue ; elle triomphe par sa patience de toute la cruauté de Domitien.

114. Trajan, juste et bon pour tous ses autres sujets, n'a de rigueur que pour les Chrétiens.

De J. C.

manicus. Les fureurs de Caligula et la stupidité de Claude contribuent à faire regretter un si bon prince : mais elles sont effacées par les crimes de Néron, le plus méchant de tous les hommes.

Il repousse les Parthes et les autres ennemis de l'Empire; il en recule les bornes jusqu'au Danube et jusqu'à l'Euphrate.

De J. C.

174. La légion fulminante sauve son armée près de périr de soif. Ce prodige rend pour un peu de temps la paix à l'Eglise, presque toujours persécutée, soit par les empereurs, soit par les gouverneurs de provinces. Les orages cependant ne l'empêchent pas de s'étendre. Dès le milieu du second siècle, non-seulement elle remplit tout l'empire romain, mais encore elle se répand dans la Perse, aux Indes, et chez les peuples les plus barbares. Le sang des Martyrs coule presque sans cesse; il est pour l'Eglise une semence féconde de nouveaux Chrétiens.

Ce siècle voit encore fleurir, au milieu de la décadence du bon goût, les deux Sénèque, les deux Pline, Tacite, Quintilien, Josèphe. De J. C.

Après Antonin-le-Pieux, paroît Marc-Aurèle, qui remporte sur les Parthes d'éclatantes victoires. 166.

Les sciences et les belles-lettres trouvent encore dans le second siècle des hommes qui les cultivent avec honneur : Juvénal, Plutarque, Lucien, Galien, imitateur d'Hippocrate; Ptolomée, le plus fameux géographe de l'antiquité.

De J. C.

Plusieurs d'entre eux persécutent l'Eglise, entre autres Dèce, qui est enseveli avec toute son armée dans des marais, et Valérien,
150. qui, vaincu par les Perses, se voit réduit au plus humiliant esclavage : juste peine de la cruauté de ces princes envers les Chrétiens. L'Eglise continue à s'élever au-dessus du paganisme. L'Afrique est illustrée par S. Cyprien; la Gaule, par S. Denys; l'Egypte, par Origène, l'un des plus grands
158. génies qui aient jamais paru; Rome enfin, par S. Laurent et par ses souverains Pontifes, qui presque tous donnent leur sang pour la foi dont ils sont les martyrs aussi bien que les apôtres.

Sévère, prince sanguinaire, mais habile De
guerrier, écrase ses rivaux, et dompte les J. C.
ennemis de l'Empire. Sa mort est suivie 294.
de grands troubles, après lesquels Alexan-
dre-Sévère fait monter avec lui la justice 222.
et la modération sur le trône. Sous son
règne, l'empire des Parthes, invincible
pour les armes romaines, tombe tout-à-coup 226.
devant Artaxerxès, qui rétablit l'empire des
Perses. La mort prématurée d'Alexandre-
Sévère laisse l'empire romain en proie à 235.
un grand nombre de tyrans, qui se chassent successivement durant plus de trente
années.

De
J. C.

Mais ses collègues, Maximien et Galère,
302. l'excitent à persécuter et persécutent eux-mêmes le Christianisme d'une manière atroce. Ils remplissent de sang les villes et les provinces. La légion Thébaine, toute composée de Chrétiens, se laisse massacrer sans résistance. Cette persécution fait un nombre prodigieux de Martyrs : mais par là même, elle achève d'établir le Christianisme sur les ruines de l'idolâtrie.

De J. C.

Cependant l'empire étoit dans la confusion. Des peuples barbares, sortis du nord de l'Europe et de l'Asie, pénètrent dans les provinces romaines, où ils portent le ravage et la désolation. Aurélien, puis Pro- 273.
bus, les repoussent, et suspendent pour un temps leurs progrès : c'est à ce dernier empereur que la France, l'Espagne et la Hongrie sont redevables de leurs vignes. 280.
Après de nouveaux troubles, Dioclétien monte sur le trône impérial. Sa valeur et son activité soutiennent l'ancienne gloire de Rome.

De J. C.

Seconde époque, depuis la conversion de Constantin, l'an 312 après J. C. jusqu'au baptême de Clovis, l'an 496 après J. C. Elle renferme 184 ans.

Après trois siècles d'orages, la paix est rendue à l'Eglise. Eclairé par une vision miraculeuse qui lui promet la victoire sur le tyran Maxence, Constantin embrasse la Religion chrétienne, et la place avec lui sur le trône des Césars.

L'impie Arius ose attaquer la divinité de
325. J. C. Il est solennellement condamné dans le concile de Nicée, le premier des conciles œcuméniques.

L'Eglise, toujours féconde en vertus, offre alors au monde un spectacle non moins merveilleux que celui des Martyrs ; elle peuple les déserts de la Thébaïde d'un grand nombre de Solitaires, imitateurs des Paul et des Antoine, dans la pratique des conseils évangéliques. Dieu l'enrichit d'un nou-
326. veau trésor, par la découverte du bois sacré de la vraie croix.

De J. C.

Cependant Constantin, mécontent de Rome, où l'idolâtrie trouvoit encore un asile, bâtit Constantinople, qui devient bientôt la seconde capitale du monde. Il repousse les

De
J. C.

Constance, son fils, trouble toute l'Eglise par les efforts qu'il fait en faveur des Ariens. Mais S. Athanase, S. Martin, S. Hilaire, et d'autres grands évêques, dans toutes les parties du monde, soutiennent la foi de Nicée par leurs écrits, et l'honorent par leurs souffrances.

En même temps, Sapor II, roi de Perse,
350. allume contre le Christianisme une longue
et cruelle persécution. De son côté, Julien-l'Apostat, devenu maître de l'empire, essaie d'y relever le culte des idoles; mais une
363. mort prompte et funeste arrête ses projets
mpies.

En Occident, Valentinien I, empereur
365. vaillant et religieux, triomphe des barbares
et des hérétiques. En Orient, Valens, prince
378. Arien, et persécuteur, est vaincu et brûlé
vif par les Goths.

Goths, les Allemands et les Perses. Sa vie glorieuse est couronnée par une mort chrétienne. De J. C.

L'Orient et l'Occident se réunissent sous le grand Théodose. Cet illustre empereur punit les deux tyrans Maxime et Eugène, meurtriers des empereurs Gratien et Valentinien. Il se fait craindre de ses ennemis,

De J. C.

395. Il meurt en paix, après avoir protégé l'Eglise, ruiné l'Arianisme, et laissé dans sa personne, à tous les princes, le plus beau modèle de la pénitence et de l'humilité chrétienne.

Ce siècle donne au monde des hommes également grands en science et en vertu, S. Basile, S. Grégoire de Nazianze, S. Ambroise, S. Jean Chrysostôme, S. Jérôme, auteur de la Vulgate; S. Augustin surtout, la lumière de l'Eglise et le fléau de l'hérésie.

aimer de ses sujets, admirer du monde entier. De J. C.

L'empire, gouverné avec foiblesse par
Arcadius en Orient, et par Honorius en 400.
Occident, est de tous côtés entamé par les
Barbares. Alaric, à la tête des Goths, porte
le fer et le feu en Italie et jusque dans 409.
Rome. Les Bourguignons subjuguent la partie orientale des Gaules. Les Vandales s'emparent de l'Espagne; chassés de là par les Visigoths, ils vont enlever l'Afrique aux Romains. Presque dans le même temps, c'est-à-dire l'an 420 de J. C., les Francs, Scythes d'origine, après avoir habité la Franconie, passent le Rhin à la suite de Phara-

De J. C.

431. Cependant les erreurs de Pélage sur la
et grâce, et celles de Nestorius et d'Eutichès sur
451. la personne de J. C., sont condamnées par les
conciles d'Ephèse et de Chalcédoine.

L'Orient, long-temps troublé par ces hérésies, jouit d'une paix profonde sous sainte Pulchérie et Marcien. Mais en Afrique, les rois vandales persécutent cruellement la Religion, qui respiroit à peine des coups que lui avoit portés le schisme des Donatistes.

En même temps, le féroce Attila, vrai
452. fléau de Dieu, s'avance en Italie, à la tête des Huns, pour saccager Rome. Le pape S. Léon vient à la rencontre de ce barbare; et, plus fort que les armées romaines, il l'oblige à retourner sur ses pas.

mond, leur roi, et jettent dans la Gaule-Belgique les fondemens encore mal assurés de la monarchie française. De J. C.

Les peuples qui fuyoient devant Attila, se retirent dans les îles de la mer Adriatique, où ils bâtissent la ville de Venise.

Rome, mal défendue par ses foibles empereurs, est prise par Odoacre, roi des Hérules, qui éteint enfin l'empire d'Occident. Mais 476.
il ne jouit pas long-temps de sa conquête.
Théodoric, roi des Ostrogoths, le chasse 488.

De
J. C.

Troisième époque, depuis le baptême de Clovis, l'an de J. C. 496, jusqu'à la fuite de Mahomet, l'an de J. C. 622. Elle renferme 126 ans.

Clovis, roi de France, attiré à la foi par la victoire miraculeuse de Tolbiac, reçoit à Reims, des mains de S. Remi, le baptême et l'onction royale. Devenu le protecteur de la Religion, il la fait embrasser à son peuple, et mérite, pour lui et ses successeurs, le titre de Roi Très-Chrétien. Sainte Geneviève étonnoit alors la France par ses miracles, et l'édifioit par ses vertus. Dans le même temps, S. Benoît donnoit aux Solitaires d'Occident les règles les plus sages et les exemples les plus sublimes de la sainteté monastique.

de l'Italie, et s'y établit avec son peuple. Presque dans le même temps, les Anglais, sortis du nord de l'Europe, s'emparent de la Grande-Bretagne. L'Ecosse et la Pologne ont dès-lors leurs souverains particuliers.

De J. C

Clovis partage ses états entre ses enfans, 511
source de divisions et de guerres civiles,
qui néanmoins ne les empêchent pas de
conquérir le royaume de Bourgogne. 534

De
J. C.

L'Eglise cependant faisoit de nouvelles conquêtes sur l'erreur et sur l'infidélité. Les Visigoths, les Lombards et les Bourguignons, Ariens jusqu'alors, embrassent la foi catho-
605. lique. Le pape S. Grégoire-le-Grand fait prêcher l'Evangile aux Anglais, qui abjurent l'idolâtrie, et confessent le nom de J. C. La Religion pénètre jusque dans la Chine, où elle subsiste pendant près de trois siècles.

De J. C.

Justinien publie en Orient le code des lois
romaines. Sous son règne, Bélisaire réprime les
Perses, enlève l'Afrique aux Vandales, reprend
Rome et une partie de l'Italie sur les Os- 537.
trogoths. Narsès poursuit les conquêtes de
Bélisaire ; mais à peine ces deux grands ca- 568.
pitaines ont-ils quitté l'Italie, que les Lombards l'asservissent presque toute entière.
D'un autre côté, les Perses inquiètent l'empire grec : ils sont repoussés par Maurice, à qui 574.
ses vertus, non moins que ses victoires, 582.
méritent le trône impérial.

La France étoit divisée en plusieurs petits royaumes, tous occupés par les descendans de Clovis. Des femmes ambitieuses et puissantes y causent de grands maux, moindres cependant que ceux qui désoloient alors l'empire grec. Après les revers les plus funestes, l'empe-

De J. C.

Ce prince, aussi religieux que brave, retire des mains de ces peuples ennemis de J. C., le bois sacré de la vraie croix, et
528. le reporte en triomphe à Jérusalem, comme le fruit le plus précieux de ses victoires.

Quatrième époque, depuis la fuite de Mahomet, l'an de J. C. 622, jusqu'au couronnement de Charlemagne, l'an de J. C. 800. Elle renferme 178 ans.

Tandis qu'Héraclius réprimoit l'insolence des Perses, il s'élevoit contre l'empire et contre toute la chrétienté un orage bien plus redoutable. Mahomet s'érigeoit en prophète parmi les Sarrasins. Obligé de s'enfuir de la Mecque, il trouve bientôt moyen d'y rentrer en vainqueur. Par adresse ou par force, il soumet toute l'Arabie à son empire et à sa

De J. C.

reur Héraclius reprend enfin le dessus; il bat les Perses au moment où ils alloient tout envahir; les chasse au-delà de l'Euphrate, et les oblige à une paix honteuse.

nouvelle religion. Sous les Califes ses suc-
De J. C. cesseurs, les Sarrasins inondent la Syrie,
635 la Palestine, l'Arménie, la Perse, l'Egypte,
et toutes les côtes de l'Afrique, et font de ces
suiv. contrées, autrefois si florissantes, le siége de l'ignorance et de la barbarie.

Sous le nom de Maures, ils passent d'A-
711. frique en Espagne, en chassent les Visigoths, et s'assujettissent cette belle contrée, où ils portent le Mahométisme. Ces infidèles pénètrent jusque dans les Gaules; mais Charles-Martel les taille en pièces près de Tours.
718. Pélage avoit rassemblé dans les montagnes des Asturies les restes des Visigoths : ce prince et ses successeurs réparent peu à peu les pertes de la Religion en Espagne; ils commencent à repousser les Maures, et fondent les royaumes des Asturies et de Léon.

De
J. C.

Les princes de la maison de Clovis étoient tombés dans une honteuse mollesse : contens de porter le titre de rois, ils en avoient abandonné toute l'autorité aux maires du palais, leurs premiers ministres. En Orient, l'empire, accoutumé depuis long-temps à voir ses princes chassés ou massacrés les

De
J. C.

Mais ce prince ne profite de la paix dont
724. il jouit, que pour déclarer la guerre aux
images de J. C. et des Saints : il persécute
les Catholiques avec fureur. Ses successeurs
en font de même, jusqu'à l'impératrice Irène,
sous laquelle le septième concile gé-
737. néral, assemblé à Nicée, met fin à l'hérésie
des Iconoclastes.

Mais Pépin protége contre eux l'Eglise ro-
765. maine, et lui donne une grande partie de
l'Italie : premier fondement de la puissance
temporelle du S. Siége.

Charlemagne, fils et successeur de Pépin, dompte les Saxons, réprime les Sarrasins, se rend maître de la Germanie et de la

uns

De J. C.

uns par les autres, demeure enfin paisible sous Léon-l'Isaurien.

Tandis que les royaumes de Danemarck, de Suède et de Norwége, déjà anciens, commencent à sortir de l'obscurité, la seconde race de nos rois, connue sous le nom de Carlovingiens, remplace, dans la personne de Pépin-le-Bref, la race des Mérovingiens, qui régnoit depuis Mérouée, suc- 750.
cesseur de Pharamond. Dans ce même temps, les Lombards enlèvent à l'empire grec l'exarchat de Ravenne, et portent leurs 751.
vues jusque sur Rome.

De J. C. Pannonie, attire au Christianisme les nations
infidèles de ces vastes contrées. Il détruit
774. en Italie le royaume des Lombards, persécuteurs des souverains Pontifes. Il rétablit les sciences et la discipline ecclésiastique; et se montre le protecteur de l'Eglise par sa puissance, comme il en étoit déjà l'ornement par sa piété.

Cinquième époque, depuis le couronnement de Charlemagne, l'an de J. C. 800, *jusqu'à la première Croisade, l'an de J. C.* 1099. *Elle renferme* 299 *ans.*

Charlemagne, proclamé à Rome empereur d'Occident, reçoit des mains du pape Léon III la couronne impériale. Quelques années après, il meurt plein de gloire et
814. de vertus, et laisse l'empire à Louis I, son fils, dit le Débonnaire.

Au milieu du même siècle, tandis que la lumière de la foi se répand chez les Danois, les Suédois, les Russes et les Bohémiens,
851. le siége patriarcal de Constantinople est usurpé par l'ambitieux Photius, qui jette les premières semences du schisme chez les Grecs.

De
J. C.

De J. C.

De leur côté, les Maures d'Espagne persécutent le Christianisme ; et chez une nation aussi brutale qu'infidèle, la chasteté a ses martyrs comme la foi. Mais les rois de Léon et des Asturies vengent, par des victoires signalées, les outrages faits à la Religion.

De J. C.

Cependant le sceptre de Charlemagne commence à chanceler. Louis-le-Débonnaire, prince foible et père malheureux, voit ses propres 892.
enfans s'armer contre lui. Deux fois dépossédé et deux fois rétabli, il ne doit sa couronne qu'à la compassion de ses sujets. Les enfans de Louis-le-Débonnaire célèbrent ses funérailles par des combats. Après plusieurs guerres sanglantes, ils se partagent l'Alle- 842.
magne, la France et l'Italie. Les gouverneurs de provinces profitent des troubles pour se rendre indépendans : on voit paroître entre autres les petites souverainetés de Milan, de Toscane, de Savoie, de Lorraine, de Flandre et de Brandebourg.

Il y avoit long-temps que les Normands, sortis du Danemarck, ravageoient les côtes de l'Europe. Au commencement du dixième siècle, les rois de France leur cèdent la 922.
Neustrie, qui prend le nom de Normandie.

De J. C.

Au milieu des troubles qui désolent l'Italie, la violence de plusieurs petits tyrans place sur la chaire de S. Pierre quelques pontifes indignes de ce haut rang. Mais Dieu, qui veille sur son Eglise, ne permet pas qu'elle soit alors attaquée par l'hérésie : les scandales même ne peuvent arrêter ses progrès. Les Polonois reçoivent le baptême ; puis les Hongrois, qui, après avoir causé de grands maux à la Religion, se
1006. convertissent enfin à la voix de S. Etienne, leur apôtre, et l'un de leurs premiers rois.

De J. C.

L'Allemagne passe des princes français aux ducs de Saxe : Othon-le-Grand, couronné empereur, fait revivre la justice et la valeur de Charlemagne, et rend à l'empire d'Occident une partie de sa splendeur : mais déjà les Génois s'en étoient séparés pour s'ériger en république. 936.

La race des rois Carlovingiens, incapable de soutenir le poids d'une couronne, est dépossédée : Hugues Capet fait monter sur le trône celle des Capétiens, qui l'occupe avec gloire jusqu'à nos jours. 987.

Les Maures d'Espagne se divisent, et forment presque autant de royaumes qu'il leur reste de villes. L'Espagne chrétienne est féconde en guerriers : le Cid les efface tous par sa valeur et sa piété. Les victoires rem- 1088.

De
J. C.

Bérenger ose attaquer la présence réelle de J. C. dans l'Eucharistie : toute l'Eglise s'élève contre cette doctrine impie ; la vérité triomphe, et le novateur même lui rend hommage par sa rétractation.

L'Orient est moins heureux que l'Occident ; Michel Cérulaire, patriarche de Constantinople, jaloux de la primauté du siége
1053. de Rome, se révolte contre l'Eglise latine, et entraîne dans le schisme la plus grande partie de l'Eglise grecque. Peu après, il s'élève entre les papes et les empereurs d'Allemagne de grands démêlés, qui ont des suites fâcheuses et pour l'Empire et pour l'Eglise.

1054. A Rome, le collége des cardinaux acquiert le droit d'élire les souverains pontifes.

portées sur les Maures donnent naissance aux royaumes d'Aragon et de Castille, et quelque temps après à celui de Portugal.

Les Normands, en embrassant le Christianisme, n'avoient pas renoncé à leur humeur entreprenante : quelques-uns de leurs
seigneurs s'emparent de Naples et de la Si- 1058.
cile sur les Grecs et sur les Sarrasins.

De
J. C.

Depuis long-temps, les Mahométans profanoient la Terre-Sainte, et opprimoient les Chrétiens d'Orient. Pierre-l'Hermite, témoin de ces maux, invite les princes chré-
1095. tiens de l'Europe à voler au secours de leurs frères; et la première Croisade est résolue dans le concile de Clermont.

est confiée à sept des principaux seigneurs d'Allemagne. De J. C.

L'Angleterre secoue le joug des Danois; 1066. mais c'est pour devenir, aussitôt après, la proie de Guillaume-le-Conquérant, duc de Normandie.

On voit sortir du nord de l'Asie des barbares connus sous le nom de Turcs; ils embrassent la religion des Sarrasins, mais ils détruisent leur empire, subjuguent la Grèce, l'Egypte, et une grande partie de l'Asie.

L'empire grec, mal gouverné au-dedans, et attaqué au-dehors par les nations voisines, s'affoiblit de plus en plus, et tombe en décadence.

De J. C. *Sixième époque, depuis la première Croisade, l'an de J. C. 1099, jusqu'à la mort de S. Louis, l'an de J. C. 1270. Elle renferme* 171 *ans.*

Godefroi de Bouillon, prince aussi pieux que vaillant, marche en Asie à la tête des Croisés : il prend la ville de Jérusalem, et en est proclamé roi. On voit naître dans
1118. ce nouveau royaume les deux ordres militaires des Hospitaliers et des Templiers, qui honorent la Religion par leur charité, et la défendent par leur bravoure.

Dans ce même temps le génie, les vertus et les miracles de saint Bernard donnent un grand éclat à la France et à toute l'Eglise.

A sa persuasion, Conrard, empereur d'Allemagne, et Louis-le-Jeune, roi de
1147. France, prennent la croix; mais trahis par les Grecs, ils sont obligés de revenir, sans avoir rien fait pour la Terre-Sainte. Richard, roi d'Angleterre, et Philippe-Auguste, roi
1190. de France, entreprennent une troisième Croisade, qui échoue par l'habileté du fameux Saladin, soudan d'Egypte.

De J. C.

Un peu auparavant, l'Angleterre avoit 1111.
étendu son domaine par la conquête de

De
J. C.

On voit alors S. Dominique et S. François élever deux ordres célèbres, qui, pres-

De J. C.

l'Irlande, sur les petits rois qui l'occupoient.

Cependant les Français et les Vénitiens se vengent de toutes les perfidies des Grecs envers les Croisés : ils prennent d'assaut Constantinople, et en font le siége de 1204.
l'empire latin d'Orient. Les empereurs grecs se retirent dans leurs provinces d'Asie, et se fixent à Nicée.

Plus heureux en France qu'en Palestine, Philippe-Auguste commence à abaisser les seigneurs vassaux de la couronne, jusqu'alors presque aussi puissans que les rois eux-mêmes: il réprime les Anglais, dompte les Flamands rebelles, et remporte sur les Alle- 1214.
mands ligués avec eux la glorieuse victoire de Bouvines.

Le redoutable Gengis-Kan, à la tête des 1220.
Tartares, inonde l'Asie, et enlève aux Turcs la Perse et d'autres contrées.

La France se voit, sous le règne de saint Louis, dans un état florissant. Ce pieux monarque, également habile et valeureux, 1242.
établit des lois sages, et repousse les Anglais, maîtres alors de plusieurs de nos provinces. Divers princes de l'Europe le prennent pour arbitre de leurs différends.

De J. C. que en naissant, produisent deux des plus grandes lumières du monde chrétien, S. Thomas et S. Bonaventure.

D'un côté, l'empereur Fréderic II trouble l'Eglise et l'empire d'Occident; de l'autre, S. Louis entreprend de rétablir, dans l'Orient, les affaires des Chrétiens opprimés alors par
1250. les Soudans d'Egypte. Après des succès rapides, il est fait prisonnier, et paroît aussi grand dans les fers que sur le trône. A peine ce saint roi est-il délassé des fatigues de cette pénible expédition, qu'il se prépare à une seconde Croisade, qui fut la dernière de toutes.

Septième époque, depuis la mort de S. Louis, l'an de J. C. 1270, *jusqu'à la fin du grand Schisme d'Occident, l'an de J. C.* 1417. *Elle renferme* 147 *ans.*

S. Louis fait une descente en Afrique, et met le siége devant Tunis. La peste ravage son armée; il en est frappé lui-même; il meurt, et va recevoir la couronne immortelle due à ses travaux et à ses vertus.

De J. C.

En même temps que l'illustre maison d'Autriche est élevée sur le trône impérial, Charles d'Anjou, frère de S. Louis, est

De
J. C.

Il sollicite la réunion des Grecs schisma-
1274. tiques à l'Eglise romaine, et il l'opère dans
1291. le second concile de Lyon. Mais après la
mort de ce prince, les Grecs retournent
à leur schisme. La foi achève de s'éclipser
1309. en Orient, par la perte d'Acre, la seule
place qui restât aux Chrétiens dans la
Palestine. Les Hospitaliers se retirent à Rhodes, et connus désormais sous le nom de Chevaliers de Rhodes, ils deviennent le boulevard de l'Europe contre les efforts de la secte mahométane. Pour les Templiers,
1311. corrompus par le luxe, et devenus, par
leurs vices, le scandale de l'Eglise, ils sont supprimés dans le concile général de Vienne.

appelé à la couronne de Sicile et de Naples ; mais quelques années après, le massacre des Vêpres Siciliennes lui enlève la Sicile, qui passe à la maison d'Aragon. De J. C. 1282.

Les Vénitiens et les Génois partageoient alors l'empire de la mer ; mais leurs discordes affoiblissent peu à peu ces deux florissantes républiques.

Michel Paléologue, empereur grec, venoit, par la prise de Constantinople, d'abattre l'empire des Latins en Orient. 1261.

Tandis qu'Othoman donne un nouvel éclat à l'empire turc, dont il est regardé comme le fondateur, les Suisses secouent 1308.

De
J. C.

le joug des empereurs d'Occident, et forment une nouvelle république. De J. C.

Philippe de Valois, chef de la branche des Valois, monte sur le trône de France : son règne et le suivant ne sont qu'une suite de désastres. La sagesse de Charles V et la valeur de du Guesclin réparent les pertes de l'état : mais à peine ces deux grands hommes ont-ils les yeux fermés, que la démence de Charles VI, la guerre qui s'allume entre les maisons d'Orléans et de Bourgogne, et pardessus tout, les armes anglaises, plongent la France dans les derniers malheurs. L'Angleterre, quoique victorieuse, se voit elle-même déchirée par les maisons d'Yorck et de Lancastre, qui se disputent long-temps la couronne. 1328. 1392.

La Suède et la Norwége sont réunies au Danemarck, par la célèbre Marguerite, la Sémiramis du Nord.

L'Asie n'est pas moins agitée que l'Europe. Bajazet, empereur turc, après de grandes conquêtes, est vaincu et pris par Tamerlan, grand Kan des Tartares, lequel subjugue l'Asie presque entière. 1402.

Ce siècle a la gloire de l'invention de la boussole et de la poudre à canon ; il voit fleurir le célèbre Pétrarque : plusieurs Universités s'élèvent, et promettent la renaissance prochaine des lettres.

De J. C. Cependant les papes, après un long séjour à Avignon, étoient retournés à Rome : mais bientôt avoit éclaté un schisme funeste, causé par une double élection. L'E-
1379. glise entière se partage entre deux papes, dont l'un réside à Rome, et l'autre à Avignon. Le schisme se perpétue pendant qua-
1407. rante ans; Jean Hus en profite pour prêcher dans la Bohême la révolte contre l'autorité de l'Eglise.

Huitième époque, depuis la fin du grand schisme d'Occident, l'an de J. C. 1417, *jusqu'à l'abjuration de Henri IV, l'an de J. C.* 1593. *Elle renferme* 176 *ans.*

Pour remédier aux maux de la Religion, le concile général de Constance dépose les prétendans à la papauté. Martin V est élu et reconnu par toute l'Eglise, et le schisme finit. Les Hussites, condamnés dans le même concile, prennent les armes, et
1427. remplissent la Bohême de sang et de carnage.

De J. C.

La France, depuis long-temps désolée par ses dissensions, et presque conquise par les armées anglaises, sembloit toucher à sa ruine entière; Jeanne d'Arc, jeune héroïne, se présente de la part de Dieu 1429.

De
J. C.

1439. Les Grecs se réunissent une seconde fois à l'Eglise dans le concile de Florence. A peine retournés chez eux, ils retombent dans le schisme. Leur longue opiniâtreté est enfin punie. Mahomet II, sultan des Turcs,
1453. prend d'assaut Constantinople, anéantit l'empire grec, et met sous le joug des infidèles cette Eglise, depuis si long-temps rebelle à l'autorité des Vicaires de J. C.

au

au roi Charles VII. On la met à la tête des armées, et bientôt la France, ranimée par son courage, triomphe de ses ennemis. De J. C.

Cependant les Turcs poussoient leurs conquêtes en Europe; ils alloient, malgré la valeur d'Huniade, envahir toute la Hongrie, si le célèbre Scanderberg n'eût opposé une digue à la rapidité de leurs succès.

La Pologne florissoit alors sous le règne des Jagellons; elle triomphe plus d'une fois des forces ottomanes.

Le bel art de l'imprimerie est inventé à Mayence ou à Strasbourg.

Le nord de l'Afrique se trouve partagé en plusieurs états, formés des débris de

De
J. C.

l'ancien empire des Califes, Tunis, Tripoli, De
Alger, Maroc. L'Espagne, au contraire, J. C.
prend de nouvelles forces. Les royaumes
de Castille et d'Aragon se réunissent sur la 1479.
tête de Ferdinand-le-Catholique. Par la prise
de Grenade, il achève d'abattre la domi- 1490.
nation des Maures en Espagne. Sous ses
auspices, Christophe Colomb découvre l'A- 1494.
mérique ; les deux empires du Mexique et
du Pérou, qui florissoient depuis 400 ans,
sont détruits par les Espagnols. Les Portugais s'ouvrent un chemin aux Indes, en doublant le Cap de Bonne-Espérance.

En même temps que le riche empire du Mogol s'élève dans l'Inde, et que des princes, connus sous le nom de Sophis, rétablissent l'empire persan, les Turcs, toujours
affamés de conquêtes, envahissent la Syrie 1517.
et l'Egypte : les chevaliers de Rhodes, chassés de leur île par Soliman, vont s'établir à Malte.

A Louis XII, père du peuple français, succède François I.er, qui partage, avec le pape Léon X, le titre de Restaurateur des lettres. Mais il trouve un trop puissant rival dans Charles d'Autriche, dit Charles-
Quint. Ce prince, tout à la fois roi d'Es-
pagne et empereur, se voit aussi maître 1520.
des Pays-Bas, de presque toute l'Italie, et de la plus grande partie de l'Amérique.

De
J. C.

1517. Luther en Allemagne, et Calvin en France,
1532. sous prétexte de réformer l'Eglise, font revivre les erreurs les plus monstrueuses :
1534. Henri VIII, pour satisfaire une passion infâme, plonge l'Angleterre dans le schisme. Mais Dieu, en permettant que de nouveaux ennemis attaquent son Eglise, lui suscite de nouveaux défenseurs. Saint Ignace de
1535. Loyola fonde la compagnie de Jésus. Saint François Xavier, l'un de ses premiers com-
1545. pagnons, porte la foi aux Indes et au Japon, où il convertit des peuples innombrables. Le concile de Trente, dix-huitième et dernier concile œcuménique, anathéma-
1560. tise les dogmes impies de Luther et de Calvin.

La maison d'Autriche s'accroît encore des royaumes de Bohême et de Hongrie. De J. C. 1522.

Cependant Gustave-Vasa arrache la Suède sa patrie à la domination des rois de Danemarck ; prince véritablement digne du nom de héros, s'il eût respecté la foi de ses pères, au milieu des orages qui s'élevoient alors contre la religion. 1527.

Henri II, aussi brave et plus heureux que François I.er, met un terme aux longues

De
J. C.

Tandis qu'en Espagne, sainte Thérèse fonde l'ordre des Carmélites, et qu'en Ita-
1564. lie, S. Charles Borromée fait refleurir la discipline ecclésiastique, les Luthériens et les Calvinistes répandent dans le reste de l'Europe, avec l'esprit de licence, le trouble et la désolation. Le Danemarck, la Norwége, la Suède, plusieurs états d'Allemagne, une partie de la Suisse et des Pays-Bas, sortent du sein de l'Eglise. La Hollande et les provinces voisines, en se li-
1581. vrant à l'hérésie, se révoltent contre l'Espagne.

prospérités de Charles-Quint : mais une mort prématurée l'enlève, et devient pour la France le signal des plus tristes calamités.

De J. C. 1559.

Ce siècle produit plusieurs hommes célèbres : Erasme, qui ranime le goût de la bonne latinité ; le Tasse, qui se montre l'émule de Virgile et d'Homère ; Copernic, qui apprend aux astronomes le véritable système du monde.

L'Espagne se dédommage de cette perte par la conquête du Portugal.

La France, sous les foibles successeurs de Henri II, déchirée tout à la fois par

De J. C.

Neuvième époque, depuis l'abjuration de Henri IV, l'an de J. C. 1593, *jusqu'à la révolution française, l'an de J. C.* 1789. *Elle renferme* 196 *ans.*

Henri IV avoit été jusqu'alors l'appui des Calvinistes; mais ce grand prince ouvre les yeux à la lumière de la foi; et l'abjuration solennelle qu'il fait de l'hérésie réunit tous les cœurs de ses sujets en sa faveur.

1608. La maison de Stuard, depuis long-temps régnante en Ecosse, monte sur le trône d'Angleterre, où elle se signale également et par son attachement à la foi catholique, et par les infortunes qui en sont la suite.

1610. Pendant que S. François de Sales offre à l'Europe un modèle admirable de zèle et de douceur, les successeurs de S. François Xavier opèrent au Japon des conversions innombrables. Mais une longue et affreuse
1736. persécution s'y élève contre eux, et finit, après avoir duré près de quarante ans,

les excès de la Ligue et par les fureurs de l'hérésie, voit enfin monter sur le trône Henri IV, roi de Navarre, chef de la branche des Bourbons.

De J. C. 1589.

par y éteindre la religion dans des flots de sang chrétien.

De J. C. 1628. Louis XIII, aidé de Richelieu, son premier ministre, entreprend de dompter les Calvinistes de ses états, alors aussi ennemis de la puissance des rois, que de l'autorité de l'Église.

De J. C.

De concert avec Gustave-Adolphe, roi de Suède, il suscite à la maison d'Autriche 1635.
de longues guerres, qui ne finissent que 1640.
par le traité de Westphalie. Déjà le Portugal avoit secoué le joug de l'Espagne, qu'il 1648.
portoit depuis 60 ans, et avoit recouvré son indépendance.

Milton, Malherbe, Galilée et Descartes donnent aux lettres et aux sciences un nouvel éclat.

D'un côté, l'Angleterre présente l'horrible spectacle d'un roi sur l'échafaud; de 1649.
l'autre, la France est déchirée par les guerres de la Fronde. Mais au milieu de ces 1649 et suiv.
troubles, paroît Louis-le-Grand : il rétablit le calme, ajoute à la France de nouvelles 1660 et suiv.
provinces, triomphe des efforts de l'Europe presque entière, plus d'une fois liguée contre lui; fait éclore, par la protection qu'il accorde aux talens, une foule de grands hommes dans tous les genres, Colbert,

De
J. C.

La Religion entre de nouveau et s'étend dans ce vaste empire. En même temps, d'autres missionnaires pénètrent, à travers des dangers infinis, dans les différentes contrées de l'Amérique ; ils y plantent la foi, et plusieurs l'arrosent de leur sang.

En Europe, saint Vincent de Paul élève une foule d'établissemens aussi utiles à la société que glorieux à la Religion ; bientôt
1665. après, la réforme de la Trappe retrace les vertus austères des anciens anachorètes. Mais le père du mensonge, jaloux des succès de l'Eglise, suscite contre elle l'hérésie de Jansénius, qui, sous prétexte de soutenir les droits de la grâce, détruit la liberté, et fait du cœur humain une machine invinciblement portée au vice ou à la vertu. Cette doctrine, aussi injurieuse à Dieu que désespérante pour l'homme, est
1653. solennellement condamnée. Louis-le-Grand appuie les décisions de l'Eglise.

Turenne,

Turenne, Condé, Luxembourg, Vauban, Corneille, Racine, Molière, La Fontaine, Boileau, La Bruyère, Fénélon, Bossuet, Bourdaloue, et mille autres dont les noms ne périront jamais. De J. C.

La Chine est assujettie par les Tartares.

De
J. C.

Sous ce règne, les sectateurs de Jansénius tentent tous les moyens pour se sous-

Ce puissant prince, après avoir, malgré D J. C.
la jalousie de ses voisins, placé sa famille
sur les trônes d'Espagne et des Deux-Si- 1713.
ciles, termine en héros chrétien sa longue
et glorieuse carrière.

Dans ce temps, florissoient en Angleterre 1713.
Newton et Pope; et en France, les deux
Cassini, Massillon, Rollin, J. B. Rousseau.

Les électeurs de Brandebourg avoient
pris le titre de rois de Prusse; ils com- 1713.
mencent à se rendre puissans en Allemagne.

Charles XII, roi de Suède, trouble le
nord de l'Europe; la mort seule met un 1713.
terme à ses projets de conquêtes. Pierre-le-Grand, délivré de ce redoutable ennemi, police la Russie, jusqu'alors barbare. Créateur de son empire, il l'élève au niveau des plus considérables de l'Europe.

La Sardaigne passe des rois d'Espagne 1738.
aux ducs de Savoie, avec le titre de royaume.

Louis XV, heureux dans ses premières 1745
guerres, éprouve ensuite des revers. La et
France pourtant s'agrandit de la Corse et suiv.
de la Lorraine. 1766.

De J. C. traire aux condamnations portées contre eux. Ils parviennent à soulever la puissance séculière contre les évêques dépositaires de la sainte doctrine. L'impiété, sous le nom de Philosophie, profite des plaies faites à l'autorité ecclésiastique; elle obtient la sup-
1773. pression de la Compagnie de Jésus, et dès lors elle répand, presque sans obstacle, le poison de la licence et de l'incrédulité. La foi s'affoiblit, les mœurs se dépravent, les principes de l'anarchie se propagent, et minent les fondemens de la société et de la Religion.

Dixième époque. Révolution française, l'an de J. C. 1789.

Tout-à-coup éclate dans la France, ce
1789. royaume jadis si florissant et si chrétien,

De J. C.

Cependant la Pologne, affoiblie par ses dissensions, se trouve démembrée et par- 1773.
tagée entre la Russie, l'Autriche et la Prusse. En Amérique, au contraire, c'est un nouvel état qui s'élève. Les colonies anglaises se révoltent contre leur mère-patrie, et forment une république sous le nom 1774.
d'Etats-Unis. La France les appuie de toutes ses forces; mais elle ne tarde pas à éprouver elle-même tous les fléaux que peut attirer sur un peuple l'esprit de licence et d'indépendance, autorisé par ceux-là même qui auroient dû le réprimer.

De J. C. la plus funeste des révolutions : elle proscrit des millions de citoyens, conduit le roi Louis XVI à l'échafaud, allume contre
1793. l'Eglise une persécution cruelle, entreprend d'effacer les derniers vestiges de la Religion chrétienne, et pousse de crime en crime le peuple égaré jusqu'à la plus honteuse
1799 idolâtrie. Pie VI meurt victime du zèle qu'il a déployé contre les excès de la Révolution.

L'impiété révolutionnaire se flattoit d'avoir abattu le siége de saint Pierre; mais une
1800. main invisible le soutenoit; elle y fait asseoir Pie VII, et avec lui toutes les vertus.
1802. Le nouveau Pontife conclut avec la France un concordat qui fait rentrer dans l'unité de l'Eglise catholique la partie du peuple français que le schisme en tenoit séparée depuis douze ans.

Bonaparte avoit d'abord paru l'ami de la
1804. Religion; parvenu à l'empire sous le nom de Napoléon, il en devient l'oppresseur et le tyran. L'Eglise de France se voit en

De
J. C.

Après dix années de combats, de crimes et de malheurs, s'élève un général déjà fameux par ses exploits ; il renverse les 1799.
tyrans qui opprimoient la France au nom de la liberté ; il comprime les dissensions intérieures, et repousse les ennemis du dehors.

De J. C. 1809. butte à une persécution plus sourde, mais non moins dangereuse que celle à laquelle elle venoit d'échapper. Pie VII lui-même est attaqué dans sa puissance spirituelle ; il résiste, on l'arrache de Rome, et on le jette dans les fers. En même temps que le chef est frappé, les membres sont dispersés. Mais en vain la violence et la séduction se réunissent pour les abattre ou les corrompre ; l'Eglise Romaine toute entière, inébranlable dans sa foi, donne à l'univers des exemples sublimes de constance et de résignation.

Tandis que la France sort de ses ruines, la Religion se relève avec gloire. Pie VII voit tomber ses fers ; suivi du sacré Collége

Cependant Napoléon se livre à toutes les fureurs de l'ambition : il envahit l'une après l'autre, et ravage les différentes contrées de l'Europe. Tout tremble, tout fléchit devant le nouvel Attila, jusqu'au moment marqué par la Providence, où les peuples vaincus, reprenant leur ancien courage, se réunissent pour l'accabler. La main 1813.
de Dieu le frappe, il succombe et disparoît, en même temps que, par la plus soudaine
et la plus heureuse des révolutions, nos 1814.
princes légitimes remontent sur le trône de Henri IV et de saint Louis.

De J. C.

il rentre dans Rome en triomphe, et le premier acte solennel de son autorité pontificale est le rétablissement de la Compagnie de Jésus.

L'Eglise, immortelle comme son auteur, jouit avec reconnoissance du calme qui lui est offert, et attend avec confiance de nouveaux combats qui lui promettent de nouveaux triomphes.

FIN.

De
J. C.

TABLE.

Fin de la Table.

TABLE

ALPHABÉTIQUE

Des lieux marqués dans les deux Cartes géographiques.

N. B. Tous les lieux marqués d'un astérisque * dans cette table, ne se trouvent que dans la seconde des deux cartes; et les lieux marqués d'un petit trait -- ne se trouvent que dans la première.

FIN.

COLLECTION

DE CLASSIQUES,

A. M. D. G.***

Ouvrages Elémentaires.

I. GRAMMAIRE française de Lhomond, revue et augmentée.

II. Grammaire latine de Lhomond, revue et mise, etc.

III. Traité des Elégances latines et de la Prosodie.

IV. Sommaire de la Géographie des différens âges, et Traité de Sphère, etc.

V. Elémens d'Arithmétique, et tenue des Livres de compte.

Cours d'Histoire.

I. Tableau chronologique, nouvelle édition, augmentée. 1821.

II. Histoire Sainte, par demandes et par réponses.

III. Histoire Ecclésiastique, par demandes et par réponses, nouvelle édition, augmentée. 1821.

IV. Histoire Ancienne.
V. Histoire Romaine.
VI. Histoire de France, 2 vol. in-18.

Ouvrages Latins.

I. *Epitome Historiæ sacræ.*
II. *Epitome de Diis et Heroïbus poëticis.*
III. *De Viris illustribus Romæ.*
IV. *Phœdri Fabulæ.*
V. *Selectæ è profanis, etc.*
VI. *Cornelius Nepos.*
VII. *Cæsaris Commentaria.*
VIII. *Quintus Curtius.*
IX, X, XI, XII. *Selecta T. Ciceronis Opera.*
XIII. *Selectæ Ovidii Fabulæ.*
XIV. *Sallustius.*
XV. *Virgilii Opera.*
XVI. *Horatii Carmina.*

N. B. Toutes les Editions ci-dessus ont été imprimées avec leurs traductions, revues et corrigées par le même Editeur de cette Collection classique.

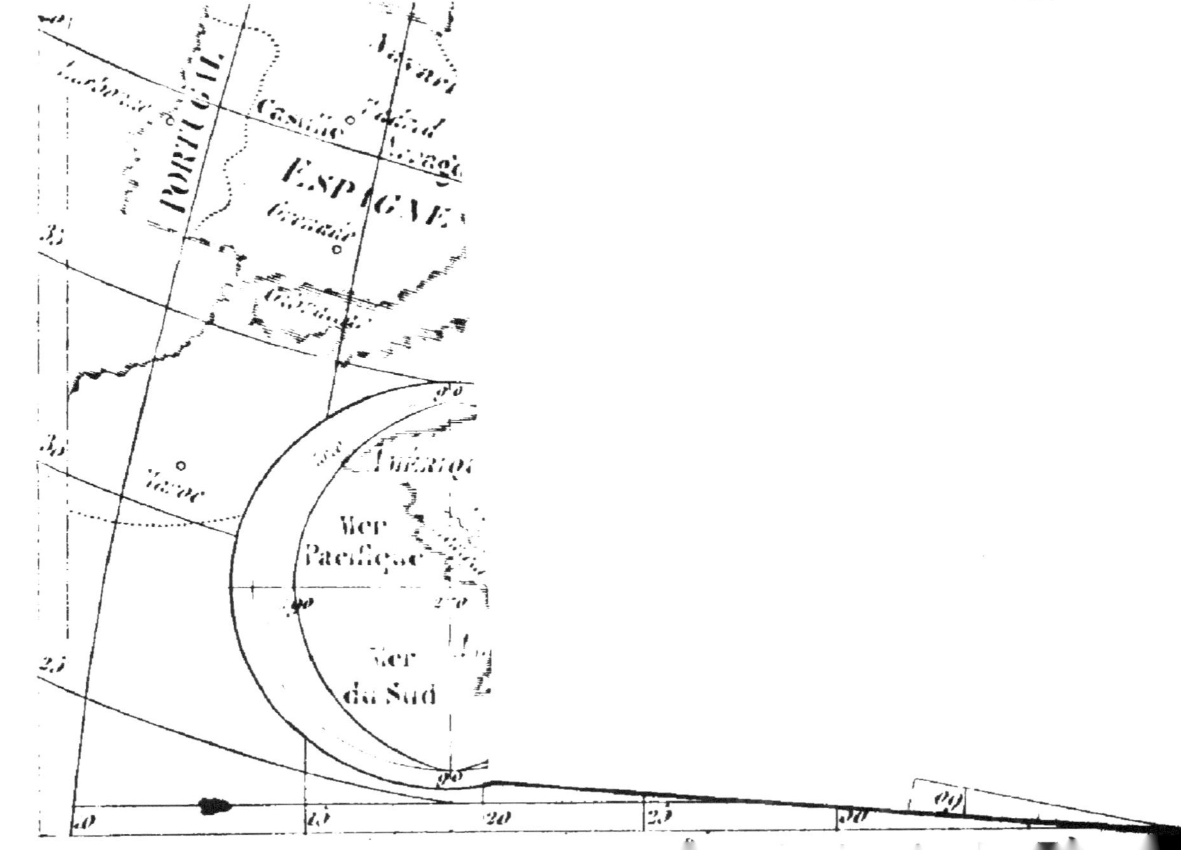
PORTUGAL
ESPAGNE
Castille
Grenade
Mer Pacifique
Mer du Sud

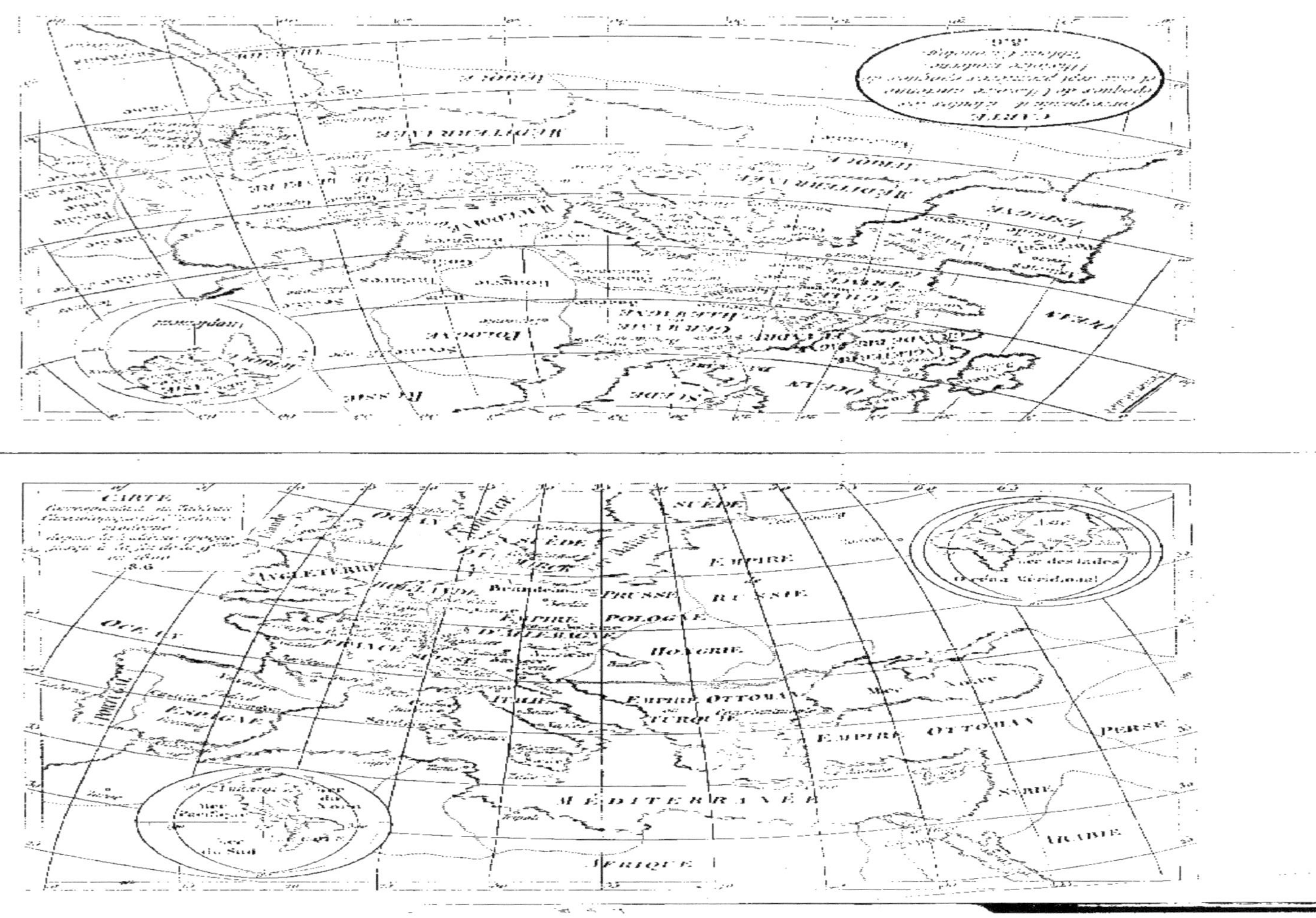
CARTE
ANGLETERRE
HOLLANDE
PRUSSE
POLOGNE
HONGRIE
EMPIRE
RUSSIE
SUÈDE
FRANCE
SUISSE
ITALIE
ESPAGNE
PORTUGAL
EMPIRE OTTOMAN
TURQUIE
EMPIRE OTTOMAN
PERSE
SYRIE
ARABIE
MÉDITERRANÉE
AFRIQUE
Mer des Indes
Océan Méridional
Mer du Sud
POLOGNE
RUSSIE
ESPAGNE

www.ingramcontent.com/pod-product-compliance
Lightning Source LLC
LaVergne TN
LVHW020021170826
845678LV00001B/84

* 9 7 8 2 3 2 9 7 7 5 8 6 9 *